I0026261

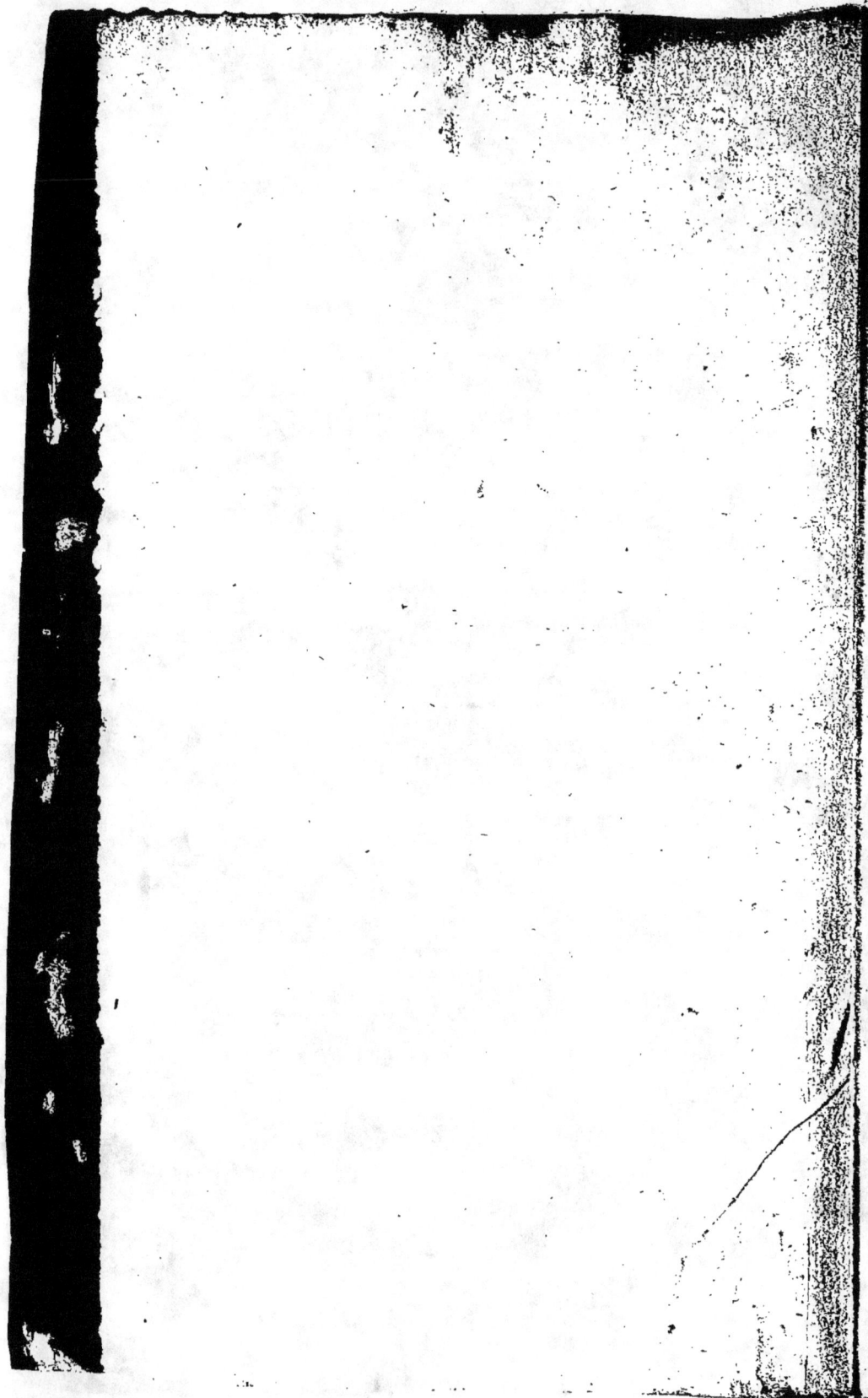

NOUVEAUX ÉLÉMENS

DE

LECTURE

PAR A. R. BOURGEOIS.

PRIX : 75 C.

BIBLIOTHÈQUE ROYALE

A PARIS,

CHEZ FURNE, LIBRAIRE,

QUAI DES AUGUSTINS, 39.

1832

X

21839

Tout débitant d'exemplaires qui ne
porteraient pas la signature de l'Auteur,
sera poursuivi comme contrefacteur.

IMPRIMERIE DE DUCESSOIS,
Quai des Augustins, 55.

PREMIÈRE PARTIE.

PREMIÈRE LEÇON.

Figure et Valeur des Lettres.

A a	*a* bref (1), comme dans *a* mi, pa*pa*, *à* Pa ris.
B b	*be*, comme dans *be* soin.
C c	*que* (voir les lettres *k* et *q*).
D d	*de*, comme dans les mots *de*, *de* voir.

---

(1) Quoique cette nomenclature de l'alphabet soit adoptée dans la plupart des bonnes maisons d'éducation, les instituteurs qui y trouveront quelques inconvéniens pourront suivre la routine ordinaire, et apprendre aux élèves à prononcer *á*, *bé*, *cé*, *dé*, etc.; mais ceux qui préfèreront la méthode indiquée reconnaîtront bientôt combien elle est plus simple, plus rationnelle, et quels avantages elle offre aux élèves.

I

E	**e**	*e* sourd, comme dans *de ve nir*, je me meurs.
F	**f**	*fe*, comme dans *fe* nêtre.
G	**g**	*gue*, comme dans *gue* non, *gue* nille.
H	**h**	*he* avec aspiration, comme dans *heur*ter.
I	**i**	*i* ordinaire, comme dans *i mi* ter, *fi ni*.
J	**j**	*je*, comme dans le pronom *je*, *je* ton.
K	**k**	*que* (1).

---

(1) On donne la même dénomination aux trois lettres *c*, *k* et *q*, parce que, sauf les cas où le *c* se prononce comme *s*, elles représentent le même son.

L l   *le*, comme dans l'article *le*, *le* çon.

M m   *me*, comme dans les mots *me*, *me* nace.

N n   *ne*, comme dans *ne*, *ne* veu.

O o   *o* bref ordinaire, comme dans po *lice*, *or* ner.

P p   *pe*, comme dans *pe* tit.

Q q   *que*, comme dans *que*-nouille, *que* relle.

R r   *re*, comme dans *re* li gion.

S s   *se*, comme dans *se*, *se* lon, *se* mer.

T t   *te*, comme dans *te*, *te* nir.

U u   *u* ordinaire, comme dans *u* ni, *pu* nir.

V v   *ve*, comme dans *ve* nir.

X x   *xe*.

Y y   *i grec*

Z z   *ze*

(5)

A a   B b   C c   D d
A a   B l   C c   D d

E e   F f   G g   H h
E e   F f   G g   H h

I i   J j   K k   L l   M m
I i   J j   K k   L l   M m

N n   O o   P p   Q q
N n   O o   P p   Q q

R r   S s   T t   U u
R r   S s   T t   U u

V v   X x   Y y   Z z
V v   X x   Y y   Z z

———

DEUXIÈME LEÇON.

Voyelles simples.

a, â; (1)
e, é, è, ê; (2)
i, o, u. (3)

(1) Prononcez *a* bref, comme dans *a mi*; *â* long, comme dans *âme*.

(2) On distingue trois sortes principales d'*e* :

L'*e muet*, que l'on confond avec l'*e guttural*, comme dans *le, me, rave*;

L'*é fermé*, comme dans *épi, bonté*; l'accent aigu indique toujours un *é fermé*;

L'*è* ouvert, comme dans *mer*; *très-ouvert*, comme dans *il est, procès, têtu* : l'accent grave et l'accent circonflexe indiquent toujours un *e très-ouvert*.

On trouve ces trois sortes d'*e* réunies dans les mots *évêque, ténèbres, sévère*.

(3) Les voyelles *î, ô, û*, avec l'accent circonflexe, ont un son plus grave : *ville, gîte; cotte, côte; écu, flûte*.

L'*y* a la valeur de l'*i*, *yeux*; ou de deux *i*, *pays*.

Consonnes.

b, p, f, v;
d, t, l, m, n, r;
g, j; c, k, q;
s, z, x; h.

B, b.

ba (1), bâ; be, bé,
bè; bi, bo, bu.

P, p.

pa, pâ; pe, pé,
pè; pi, po, pu.

(1) On accoutumera l'élève à prononcer chaque syllabe sans
épeler, et de même pour les leçons suivantes.

F, f.

fa, fâ; fe, fé,
fè; fi, fo, fu.

V, v.

va, vâ; ve, vé,
vè; vi, vo, vu.

D, d.

da; dâ; de, dé,
dè; di, do, du.

T, t.

ta, tâ; te, té,
tè; ti, to, tu.

L, l.

la, là; le, lé,
lè; li, lo, lu. |

M, m.

ma, mâ; me, mé,
mè; mi, mo, mu.

N, n.

na, nâ; ne, né,
nè; ni, no, nu.

R, r.

ra, râ; re, ré,
rè; ri, ro, ru.

G, g; gu. [1]

ga, gâ; gue, gué,
guè; gui, go, gu.

J, j; G, g.

ja, jâ;
je, jé, jè; ge, gé, gè.
ji, gi; jo, ju.

C, c; K, k; Qu, qu; [2]

ca, ka, qua; câ, kâ, quâ;
ke, que; ké, qué; kè, què;
ki, qui; co, ko, quo; cu, ku, qu.

---

[1] Le *g* est dur devant les voyelles *a*, *o*, *u*; devant *e*, *i*, cette lettre a le même son que *j*.

[2] Le *c* est dur devant les voyelles *a*, *o*, *u*; devant *e*, *i*, et lorsqu'il est marqué d'une cédille, *ç*, il a le même son que *s*.

Le *q* est toujours suivi de *u*, si ce n'est quand il se trouve à la fin d'un mot.

S, s; C, c, ç.

sa, ça; sâ, çâ; se, ce; sé, cé;
sè, cè; si, ci; so, ço; su, çu.

Z, z.

za, zâ; ze, zé,
zè; zi, zo, zu.

X, x.

xa, xâ; xe, xé,
xè; xi, xo, xu.

H, h. [1]

ha, hâ; he, hé,
hè; hi, ho, hu. [2].

---

[1] La lettre *h* est *muette* ou *aspirée* : lorsqu'elle est *muette* elle ne se fait nullement sentir dans la prononciation; ex. : l'*homme*, l'*honneur*; lorsqu'elle est *aspirée*, elle donne à la voyelle suivante une articulation gutturale, comme dans le *héros*, le *hibou*.

L'usage fera connaître en quels cas cette lettre est *muette* ou *aspirée*.

[2] Lorsque l'élève lira couramment ce syllabaire, on l'exercera à le lire dans tous les sens, et de même pour les suivans.

EXERCICE.

A mi	é co le	U ni
â ne	é pe lé	u ni que
a va lé	é cu	u ti le
a va re	é cu me	
â ge	é bè ne	Bé ni
a gi le	é té	bê te
a ga cé	é ta lé	bâ ti
a gi té		ba ra que
a rê te	I ma ge	bo bi ne
	i mi té	bo ca ge
É pi	i ci	ba ve
é pi ne		ba gue
é ga ré	O bé i	ba ga ge
é lo ge	o ra ge	
é lè ve	o pé ra	Pa ge
é ta ge	o li ve	pa pe
é tu de	ô té	pa ro le
é vê que	o va le	pa ru re
é yi té		pa vé

pâ té	fa ti gue	vo ra ce
pa na de	fa go té	
pâ le	fa ri ne	Da me
pè re	fé ve	de mi
pê ne	fé tu	de vi ne
pi pe	fé ro ce	di re
pi que	fa mi ne	dé fi
pi qû re	fi ni	dé mo li
pi re	fi dè le	dé ci dé
pi lu le	fi xe	dé lu ge
pe lo te	fi gue	dé ge lé
po li	fi gu re	dé vi dé
po ta ge	fu me	do ré
pu ce		do ci le
pu ni	Va ni té	dé vo ré
	ve nu	du re té
Fa ce	vi te	
fa né	vi pè re	Ta pe
fa ci le	vi de	tâ té
fê te	vé ri té	tê te
fê lé	vo mi	tê tu
fa vo ri	vo lé	to que

tô le	mè re	re cu le
ti ge	mê me	re çu
ti ré	mê lé	re mè de
te na ce	ma ri	rê ve
	ma re	ré ci té
Le vé	ma la de	ré ga lé
la vé	ma da me	ro be
la me	mi di	rô ti
li me	mi nu te	ri de
li re	mi ne	ra ve
li qui de	mu le	ra me
lé gu me		ra mo né
lé gè re	No ce	ra ge
lo que	na ge	ra ci ne
lo gé	na tu re	râ pé
	no te	ra pi de
Mo de	na ri ne	ru de
mo dè le	nu mé ro	ra re
me né		ra ma ge
me na ce	Ri re	
mé na ge	ri va ge	Ga ge
mé ri te	ra va ge	gâ té

ga ze	ca fé	sa lé
ga le	ca li ce	sa li ve
go bé	ca ra fe	sa me di
gué ri	ca rê me	sa va te
gui de	ca na pé	ci re
gui ta re	què te	ci ga le
	cu ré	so li de
Je té	cu ve	so no re
ge lé	co li que	su cé
gê ne	co lè re	sû re té
gi ra fe	cô té	
gî te	co mè te	Zè le
jo li	co mi que	zé ro
ju pe		
ju ge	Se mé	Ho là
ju ju be	ce ci	hô te
	sè ve	ho no ré
Ca ge	sé vè re	ha bi le
qua li té	sé pa ré	hâ te
ca ve	sa le	hu mi de

La vé ri té. — U ne ta pe. —
Du ca fé. — Ma pe ti te ca ba ne.
— Ta mè re ri ra. — La gué pe
qui pi que. — Cé ci le a de la
ma li ce. — Je ba di ne. — E mi le
a é té sa ge. — La lu ne se lè ve.
— Ca ro li ne di ne ra ici. — U ne
sa la de de cé le ri. — Lu ci le
se ra ma la de.

TROISIÈME LEÇON.

Voyelles combinées.

ai, au; ei (1), eu; ou;

Voyelles nasales.

an, en, in, on, un.

bai, bau, bei, beu, bou ;
ban, ben, bin, bon, bun.

pai, pau, pei, peu, pou,
pan, pen, pin, pon, pun.

fai, fau, fei, feu, fou,
fan, fen, fin, fon, fun.

---

(1) On fera remarquer à l'élève que *ai* et *ei* ont le même son que *è* de la première leçon; *au* le même son que *ô*. J'en ai fait ici la distinction, afin de graduer les difficultés : plus loin, j'ai réuni dans une même leçon les diverses manières d'écrire les mêmes sons.

vai, vau, vei, veu, vou,
van, ven, vin, von, vun.
dai, dau, dei, deu, dou,
dan, den, din, don, dun.
tai, tau, tei, teu, tou,
tan, ten, tin, ton, tun.
lai, lau, lei, leu, lou,
lan, len, lin, lon; lun.
mai, mau, mei, meu, mou,
man, men, min, mon, mun.
nai, nau, nei, neu, nou,
nan, nen, nin, non, nun,
rai, rau, rei, reu, rou,
ran, ren, rin, ron, run.
gai, gau, gou,
gan, gon, gun.
jai, jau, jei, jeu, jou.
jan, jen, jin, jon, jun,
gei, geu; gen, gin.

cai, kai, quai; cau, kau, quau;
quei, queu; cou, kou, quou;
can, kan, quan; quen, quin;
con, quon; cun, quun.

sai, sau, sei, seu, sou,
çai, çau, cei, ceu, çou;
san, sen, sin, son, sun,
çan, cen, cin, çon, çun.

zai, zau, zei, zeu, zou,
zan, zen, zin, zon, zun.

xai, xau, xei, xeu, xou,
xan, xen, xin, xon, xun.

hai, hau, hei, heu, hou,
han, hen, hin, hon, hun.

EXERCICE.

A mi don	a man de	ai gu
a ban don	a ma dou	au ne
â non	ai le	au mô ne

au ge	o ran ge	fa quin
au ro re	Bâ ton	fau te
an se	ba lei ne	fau con
an ge	ba lai	feu
É pon ge	ba lan ce	fou le
é pau le	ban de	fou gue
é pe ron	bi jou	fan ge
en fin	bon té	fan fa ron
en fan ce	bou ton	fen te
en tê té	bou ti que	fon cé
en ten du	bou le	fon du
en tou ré	bou din	fon tai ne
en ta mé	Pei ne	Vei ne
en co re	pe pin	ve nin
en fon cé	pe lo ton	vo lon té
en ra gé	po ti ron	voû te
In ju re	pen te	vou lu
in fi ni	pan ta lon	ven te
in va li de	pou ce	ven du
in vi té	pin cé	ven dan ge
in sen sé	pin son	Dou ze
On ze	Fa çon	dé cou pé

dé fai re	Ma man	ran gé
dé goû té	ma çon	Ga lon
dé fen du	ma ca ron	ga min
dé pen se	ma ro quin	ga zon
din don	mé lan ge	gaî té
de meu re	mé de cin	gau le
de man de	meu le	goû té
di li gen ce	mou lin	gou lu
Ta lon	man ge	gou jon
ta quin	man que	gan se
ti mon	mou ton	gue non
tai re	men ton	gui mau ve
tau pe	men son ge	Jeu ne
tan te	min ce	jeu di
La pin	mon de	jau ne
li mon	Nei ge	jou jou
li ma çon	nan kin	ge nou
le çon	ne veu	gen ci ve
lai ne	Ré pon se	Co ton
lan gue	rei ne	co quin
lon gue	rou te	ca non
lun di	rou lé	ca pi tai ne

qua ran te	cou tu re	sei ze
con gé	quin ze	cin quan te
con fi tu re	quan ti té	san té
con ten té	Sa von	cen ti me
cou cou	se lon	sau ce
cou de	si len ce	sau mon
cou pu re	se men ce	Hon te
cou ru	se mai ne	
cou ra ge	se rin	

Un ru ban rou ge. — Le bon
me lon. — On dan se ra à la
ron de. — U ne ha lei ne dou ce.
— Lé on a été en pé ni ten ce.
— Fai re la ré vé ren ce. — Ma
pou le a pon du. — Ce jeu fi-
ni ra. — Je man ge rai la sou pe.
— La pen du le du sa lon. —
A dè le a bu du vin ce ma tin.
— E cou te un joli conte.

———

QUATRIÈME LEÇON.

Voyelles suivies d'une Consonne.

ab, eb (1), ib, ob, ub
ap, ep, ip, op, up
af, ef, if, of, uf
av, ev, iv, ov, uv,
ad, ed, id, od, ud
at, et, it, ot, ut
al, el, il, ol, ul
am, em, im, om, um
ar, er, ir, or, ur
ag, eg, ig, og, ug
aj, ej, ij, oj, uj
ac, ec, ic, oc, uc
as, es, is, os, us
az, ez, iz, oz, uz
ax, ex, ix, ox, ux

(1) L'*e* suivi d'une consonne dans la même syllabe, prend tantôt le son *ouvert*, tantôt le son *fermé*, *effort*, *tonnerre*. A excepter la voyelle nasale, et la plupart des désinences en *es*, où cette lettre ne se fait pas sentir.

EXERCICE.

ac tif	ar le quin	ex cep té
a mer	at ten tif	im men se
af fai re	as per ge	in sec te
a ni mal	as som mé	ir ri té
air (1)	é car té	il lu mi né
a que duc	é corce	o bé ir
a mi cal	es pè ce	ob te nir
a vec	es pé ran ce	of fen se
a ver ti	es ca mo té	oc cu pé
au ber ge	es car pé	or me
a *mour*	é tof fe	or ge
ad mi ré	é *touf* fé	or gue
ar me	é tin cel le	or di nai re
ar rê té	é *tour* di	or du re
at ta que	en fer mé	or né
a ler te	en dor mir	ul cè re
al té ré	en *gour* di	bal le
a *bais* sé	ef fa cé	bal lon

(1) Je commence dans cet exercice à donner des exemples de *voyelles combinées* suivies de consonnes *sonnantes*; je les ai distingués par des *italiques*, pour mieux fixer l'attention de l'élève.

bac	pel le	*tour* né
bal con	per ca le	*tour* te
bais sé	per cé	te nir
bas sin	per le	ter re
bar que	per ru que	tar te
bar be	p*eur*	*tour* men té
bar ba re	per du	tor du
bas cu le	pin cet te	*tous* se
ba guet te	pes te	ter ras se
ba ga tel le	pos te	fi las se
bec	pom me	fer
bos su	p*ous* sé	fer mé
bour se	*pour* ri	fes tin
bot te	po lis son	*faus* sé té
bor ne	dou *leur*	fi nir
bour be	dor m*eur*	fil
bour ri que	des cen du	fi cel le
pat te	des sin	*four*
par tir	dis pu te	fu r*eur*
par ta ge	dis tin gué	far ce
par ter re	dif fi ci le	for ce
pas sa ge	*tour*	for ge

2

four mi	les te	mer le
ver	les si ve	mer ci
ver tu	lec tu re	mé tal
ver te	*lour* de	mur mu re
ver du re	mou rir	mor du
ver re	*mous* se	mo qu*eur*
ves te	mar que	mo des te
vol	mar ron	n*euf*
vil la ge	mar ge	nap pe
va car me	mar mi te	*nour* ri ce
vac ci ne	mar di	ro bus te
lat te	mar cas sin	ré col te
lar ge	mal	res te
lar me	mal h*eur*	ra tis sé
lan cet te	mas que	ra quet te
lan ter ne	mas tic	rap por té
lai d*eur*	ma zet te	ras su ré
lu net te	m*aus* sa de	ris que
lu zer ne	mil le	re gar de
li ber té	myr te	re mar que
li not te	men t*eur*	re *tour* né
li qu*eur*	mer	re p*ous* se

gar çon	car ré	cou *leur*
gar ni	car cas se	*cous* sin
*g*out te	cor ne	*cais* se
guer re	cor don	com mo de
guir lan de	car na val	sou pir
gom me	car na ge	*sour* ce
gor ge	coq	*sour* de
j*our*	co car de	sel
j*our* nal	cô te let te	sec
jeu nes se	que rel le	ser ré
jau nis se	*cour*	ser vi t*eur*
jou *eur*	*cour* se	ser pet te
ja te	*cour* te	ser rú re
jus te	cas que	cer vel le
jus ti ce	cas quet te	se cous sé
gi ber ne	ca nif	su per be
ger be	ca nal	sac
gé né ral	ca rac tè re	sa ges se
car te	ca rot te	sor tir
car pe	ca res se	som me
car ton	qua tor ze	zig zag
car ros se	col le	ha ïr

hal le	hé las	hom me
hal te	hé ris son	hot te
har di	her be	hor lo ge
han gar	her se	hous si ne
hau *teur*	hur le	
hi ver	hô pi tal	

n *sonore* (1).

an, en, in, on, un.

Man ne quin, can ne, han ne ton;
en ne mi, in no cen ce; hon nê te,
é ton né, bon ne per son ne; re con-

---

(1) La lettre *n* est en général *sonore* lorsqu'elle est redoublée ou suivie d'une voyelle; dans les autres cas, sauf quelques exceptions, elle fait partie de la *voyelle nasale* (voir la leçon 3ᵉ). Le maître devra indiquer avec soin cette distinction. Une consonne redoublée se prononce ordinairement (dans la lecture) comme si elle était simple; ainsi le *n* redoublé est *sonore* parce que, n'ayant que la valeur d'un *n* simple, il est attiré par la voyelle qui suit immédiatement, et l'on prononce *mannequin, canne, hanneton,* comme s'il y avait *manequin, cane, haneton*.

nu, cou ron ne, ton nerre, son net te, hon neur, bou ton né.

Fer me la por te. — La cor de cas sa. — Au gus te a sau té le fos sé. — Quel le bel le mas ca ra de! — Il y a du ga zon au tour de la cour. — On son ne la mes se. — Mar gue ri te a de la dou ceur. — Al lu me vi te le feu. — An to ni ne de man de ra par don à son pa pa. — Ce po lis son a mon té sur le mur du jar din. — Fé lix a ri com me un fou. — La ser van te la ve la vais sel le. — Le jas min a u ne bon ne o deur. — Com me la mou tarde pi que la lan gue! — A na to le ai me à dor mir par pa res se.

CINQUIÈME LEÇON.

—

Consonnes associées.

bl, pl, fl, gl, cl;
br, pr, fr, vr, dr, tr,
gr, cr; ch; gn [1].

blà, ble [2], bli, blo, blu, blou,
blai, blau, bleu, blan, blin, blon.
pla, ple, pli, plo, plu, plou,
plai, plau, pleu, plan, plin, plon.
fla, fle, fli, flo, flu, flou,
flai, flau, fleu, flan, flin, flon.
gla, gle, gli, glo, glu, glou,
glai, glau, gleu, glan, glin, glon.

---

[1] Le *gn* a ordinairement un son liquide comme dans *agneau*, excepté au commencement d'un très petit nombre de mots, où il est dur, comme dans *gnome* (espèce de génie fabuleux).

[2] Faire prononcer *e* comme dans *le*.

cla, cle, cli, clo, clu, clou,
clai, clau, cleu, clan, clin, clon.

bra, bre, bri, bro, bru, brou,
brai, brau, breu, bran, brin, bron.

pra, pre, pri, pro, pru, prou,
prai, prau, preu, pran, prin, pron.

fra, fre, fri, fro, fru, frou,
frai, frau, freu, fran, frin, fron.

vra, vre, vri, vro, vru, vrou,
vrai, vrau, vreu, vran, vrin, vron.

dra, dre, dri, dro, dru, drou,
drai, drau, dreu, dran, drin, dron.

tra, tre, tri, tro, tru, trou,
trai, trau, treu, tran, trin, tron.

gra, gre, gri, gro, gru, grou,
grai, grau, greu, gran, grin, gron.

cra, cre, cri, cro, cru, crou,
crai, crau, creu, cran, crin, cron.

cha, che, chi, cho, chu, chou,
chai, chau, cheu, chan, chin, chon.

gna, gne, gni, gno, gnu, gnou.
gnai, gnau, gneu, gnan, gnin, gnon.

EXERCICE (1).

ai gle	at ten dre	é par gnER
ai ma ble	at ta chER	é pin gle
ai gre	ar che	é pa gneul
a bri	ar gent	é ta ble
a bré gé	ar bus te	é ten dre
a bat tre	ar ra chER	é tren ne
a gra fe	au trement	ê tre
a gré a ble	af fi che	é tran gER
a char né	af freux	é tran glER
a che vER	af fli gé	é qui li bre
a dres se	ac cro chER	é gra ti gnER
A le xan dre	ap pren dre	ex trê mé
â tre	ap pro chER	ex pli quER

(1) Dans cette leçon, je commence à donner quelques exemples des consonnes finales *muettes* les plus ordinaires, comme s, t, x, et aussi des désinences de verbes en *er* et *ez*, qui ont le son d'*é* fermé. J'ai continué dans les leçons suivantes, et comme il importe de bien familiariser l'élève avec la connaissance des finales muettes, je les ai indiquées par des italiques, jusqu'à la leçon 5e (2e partie), qui leur est spécialement consacrée. *Er* et *ez* sont désignés par des petites capitales dans cette leçon, et dans les suivantes les finales r, z, seulement par des italiques.

é clair	in grat	bran che
é clai RER	in tré pi de	bra ve
é cri VEZ	on cle	brè che
é cre vis se	or dre	bre tel le
é cor CHER	or fè vre	bri de
é cha lot te	of frir	bri que
é chap PER	on gle	bro che
é char pe	oc to bre	bros se
é chel le	o bli GER	bron ze
é cha las	ou vrir	bro de quin
é chan ge	ou vra ge	bro chet te
é chau dé	ou bli EZ	brû LER
é chauf FER	bat tre	brus que
es pa gnol	bou cle	bru tal
es sou flé	bou che	brou et te
en clu me	bou chon	brou TER
en flé	blâ MER	pla ce
en tre pris	blon de	plan te
en chaî né	bles su re	plan che
en cre	bi che	pla que
en ter RER	bê che	plâ tre
i gno rant	bû che	plai ne
i vre	bor gne	plai re
i vro gne	Bour go gne	plu ma ge
in di gne	brai re	pa na che

pa res seu*x*	pres que	flè che
par che min	pres sé	fleu ve
par fai*t*	pres by tè re	fleu ri
pei gne	pra li ne	flû te
peu ple	pri è re	flo con
per dre	prin ces se	frap PEZ
per met tre	prin ci pal	fra gi le
pen dre	pro fil	Fran ce
pan tou fle	pro met tre	fran ge
pen chER	preu ve	fraî cheur
po che	pro vin ce	frè re
pos te	pru den*t*	fré mir
po li men*t*	pru nel le	fré quen tER
po li chi nel	fa bri que	fre lon
pol tron	fâ chER	frot tEZ
por trai*t*	fa veur	fro ma ge
pou dre	fa rou che	fron de
pon dre	fai ble	fri tu re
pren dre	fe nêtre	fri pon
pré ci pi ce	fen dre	fri cas ser
pré ve nir	fon dre	fi che
pré fé ren ce	fla nel le	fi chu
pré pa rER	flam me	four chet te
prê chER	flat teur	vain cre
prê tre	flé au	ven tre

ven dre	tra ce	trô ne
ven dre di	tra cas SER	tro gnon
vi tre	ta che	tru el le
vi vre	tâ che	tor chon
vi gne	ta ble	lu trin
vi nai gre	tran che	lus tre
dan ge reux	tran quil le	lâ che
dé bat tre	tran si	lou che
dé chaî né	trans pa rent	lor gnet te
dé chaus sé	trans por TER	let tre
dé cou vrir	traî nER	lè vre
dé grin go le	trei ze	li gne
dé li vré	tres se	mi gnon
dé ta chEZ	trè fle	mâ che
dé tes ta ble	ten dre	ma chi ne
dis trai re	ter ri ble	maî tre
di man che	ti gre	mai gre
dou blu re	tric trac	maî tres se
dou ce ment	tris tes se	mal gré
dres SER	trin gle	mar che
dro gue	trin quEZ	mar ché
dro guis te	trou vEZ	mar bre
dro ma dai re	trou pe	ma ré chal
drô le	trous sEZ	mas sa cre
dra gon	trou ble	man che

man chon	ra bat tre	gla ce
mé chant	rap pro chER	gla nER
met tre	ra frai chir	glo be
mer cre di	re pous sER	glan de
meu ble	re pro che	glou ton
meur tre	re brous sER	gui gne
mor dre	re trou vER	guê tre
mor veux	re cher chER	gon flER
mons tre	re chi gnER	ga gnER
mon ta gne	re gis tre	gour mand
mou dre	re gret tEZ	grâ ce
mou che	ré pan dre	gra din
mou che ron	ré pon dre	gra tin
mou ve ment	ré chauf fER	gra vu re
mous ta che	ré flé chir	grap pe
na cre	rè gle	gran dir
nais san ce	rè gne	gran ge
nè fle	ren dre	grais se
nè gre	ri che	grai ne
né gli gER	ri ches se	grê le
ni che	res sour ce	gre din
no ble	res pec ta ble	gref fe
ro gnER	gé né reux	grif fe
ro gnon	gau fre	gri ma ce
ron flER	gau che	gru au

gro gnon

crochu

crot te

cra chɛr

crâ ne

crê me

cré a tu re

cré du le

cré vas se

cris tal

cro qui gno le

cru el

cru che

crou pe

croû te

crain tif

cou dre

cou ple

cou chɛz

cou leu vre

ca dre

ca chet te

ca pri ce

qua tre

ca chot

ca té chis me

cha grin

cha ri té

cha tai gne

cha leur

cha pel le

char bon

char don

Char les

char la tan

char gɛr

char pen te

char ret te

char mant

chair

chaî ne

chas se

chauf fɛz

chau dron

chaus son

chau de ment

chan ce

chan son

chan ge ment

chan vre

che val

che min

che veux

chê ne

chè vre

cher chɛz

chif fre

chif fon

chi ca neur

cho pi ne

chu cho tɛr

cof fre

co chon

cor ni chon

con naî tre

com ment

clo che

clou ɛr

cla que

clar té

cla ri net te

clé men ce

Clé men ti ne

sa ble

sa bre

sa cri fi ce	ci go gne	har gneux
sei gle	souf flER	hê tre
cè dre	souf frir	heu reux
san gle	su cre	hi deux
sen si ble	sur pren dre	hy po cri te
sif flEz	ha che	hon neur
ci tron	ha ché	hor ri ble
ci dre	han che	hon teux

Mar chez tout dou ce ment. — Notre maî tre va se fâ cher. — Un ros-
si gnol per ché dans cet ar bre. — Il a
plu pen dant deux jours. — En fans
ai mez la pro pre té. — A gla é en tra
en é cla tant de rire. — Met tez la
chan del le sur la table. — Veux tu
me prê ter ton li vre un mo ment — Parlez tou jours dis tinc te ment. — Al lons
trai re la va che blan che qui don ne
de si bon lait. — Il faut met tre qua tre
mar rons dans la cen dre chau de. —
Le chat se ca che sous le lit.

DEUXIÈME PARTIE.

PREMIÈRE LEÇON.

l *mouillé* (1).

il, ill; (2).

Bill e, ba bil, bé quill e, brill an*t*,
bill ar*d*, pa pill on, pé ril, pé till an*t*,
pas till e, pa pill o te, ar till eur, an guill e,
fill e, fa mill e, fre till e*r*, ver mill on,
vrill e, du rill on, tor till e*r*, tour bill on,
é trill e, é par pill e*r*, é chan till on,

---

(1) L'*i* suivi d'un *l* dans la même syllabe donne à cette lettre
un son *mouillé* très-commun dans notre langue. Il y a cepen-
dant des exceptions; les principales sont *fil*, *ville*, *mille*, *tran-
quille*, *distiller*, etc., et les mots commençant en *ill*, comme
illustre, *illusion*, etc. On trouve aussi (leçon 5ᵉ, 2ᵉ partie) quelques exemples de mots terminés en *il*, dans lesquels le *l* est
muet.

(2) Faire observer que le *ll*, ainsi que les autres consonnes redoublées, se prononce *ordinairement* comme si la consonne
était simple.

len till e, mo rill e, gue nill e, gas pill a ge,
gou pill on, grill e, grap pill er, jon-
quill e, gen till es se, co till on, quill e,
co quill e, ca rill on, cor bill ard, sill on,
sau till er, ha bill er, che nill e, che-
vill e, cé dil le, char mil le.

ail,

Bail, bé tail, tra vail, é mail, é ven tail,
dé tail, co rail, at ti rail, sou pi rail.

aill, *(bref)*.

Aill eurs, as saill ir, paill et te, caill ou,
vaill ant, paill as se, gaill ard, dé-
faill an ce, maill ot, tra vaill er, cré-
maill ère, co lin-maill ard.

(long). Paill e, raill eur, baill er,
baill on, ba taill e, maill e, mu raill e,
taill er, fer raill e, vo laill e, caill e,
braill ard, haill on, te naill e, cha maill er,
pou laill er, taill eur, é cail e, brous-
saill es, trou vaill e.

eil, eill;

So leil, som meil, é veill é, ver meil, o reill e, veill e, cor neill e, treill a ge, a beill e, bou teill e, cor beill e, pa reil, ré veill er, meill eur, con seill er, mer-veill eux.

euil, œil, ueil;
euill, œill, ueill;

Œil, feuill e, cueill ir, é cueil, seuil, ac cueil, ef feuill er, deuil, re cueill ir, or gueil, bou vreuil, cer cueil, feuill age, ac cueil lir, cer feuil, che vreuil, é cu-reuil, fau teuil.

ouil, ouill,

Mouill é, que nouill e, brouill er, an douill e, fouill er, rouill e, bouill on, brouill ard, ci trouill e, bar bouill é, dé-pouill er, cha touill eux, pa trouill e, bouill ir, bre douill er, gre nouill e, gar-gouill er.

DEUXIÈME LEÇON.

Sons doubles et Diphthongues (1).

ia,

Fia cre, dia ble, liar*d*, dia cre, Dia ne, dia man*t*, pia no, lias se, ma ria ge, a ca cia, ra ta fia, mias me, co ria ce, a ca riâ tre, gla cial, pro vin cial, o pi-niâ tre.

---

(1) Une *diphthongue* est la réunion de deux sons qui ne forment qu'une syllabe d'*usage*. Ce devrait donc être à l'oreille seule de juger quelles sont les diphthongues : mais ici, comme en tout ce qui tient aux caprices de la langue, on rencontre beaucoup d'irrégularité. Il est telle diphthongue qui en poësie forme tantôt une, tantôt deux syllabes. *Ia* est diphthongue dans *fia cre*, et ne l'est pas dans *di a mant*; *mien*, *tien*, sont d'une syllabe, *li en* est de deux, etc. J'ai cherché uniquement à familiariser l'élève avec les combinaisons de voyelles les plus ordinaires, en le laissant suivre la prononciation la plus conforme au langage habituel. Il n'y a donc aucun inconvénient à le laisser décomposer tous ces sons doubles (à l'exception de *oi* qui ne peut se diviser); ainsi, il pourra lire d'abord *fi a cre*, pour arriver naturellement et de lui-même à *fia cre*, en deux syllabes. On lui fera seulement remarquer que, lorsque deux voyelles se suivent dans un même mot, il faut en général passer légèrement sur la première.

ian, ien,

Vian de, fien te, a mian te, fian cée,
con fian ce, au dien ce, al lian ce, rian*t*,
lian*t*, o rien*t*, men dian*t*, friand, é tu-
dian*t*, né go cian*t*, hu mi lian*t*.

ié,

A mi tié, pi tié, pié des tal, es tro pié,
va rié té, Pié mont.

ier, *diphthongue.* — En tier, sou lier,
pre mier, chan tier, col lier, a cier, pom-
mier, bé lier, bour bier, ca va lier, jar di-
nier, char bon nier, gros sier, por tier,
of fi cier, quar tier, mé tier, é co lier,
un ca hier de pa pier, chan de lier, gre-
nier, lau rier, co pier, cor don nier,
es ca lier, meu nier, fu mier, per ru-
quier.

ier, *dissyllabe.* — é tri er, fé vri er,
gau fri er, ou vri er, vi tri er, bou cli er,
san gli er, peu pli er, ta bli er.

iez , — Vous ne niez, vous par liez, vous chan tiez, vous dan siez, vous é cri viez.

ié ,

Mi et te, ser viet te, as siet te, hardies se, miel, ciel, fiel, vieil le, vierge, cier ge, siè cle, diè te, tiè de, piè ce, niè ce, — Ge ne viè ve a la fiè vre, — liè vre, — un bou chon de liè ge, — siè ge, piè ge, es piè gle, cin quiè me, neu viè me, fier, fier té, pier re, lier re, hier, tiers, lu miè re, ar riè re, bar riè re, chau diè re, lai tiè re, ma niè re, biè re, sou ri ciè re, gout tiè re, cri niè re, four mi liè re, ri viè re, jar re tiè re, ta ba tiè re, chau miè re, or niè re, pau piè re.

ié , *dissyllabe.* — pri è re, ou vri è re, pou dri è re, meur tri è re, sa bli è re.

ieu ,

Le bon Dieu, lieu, un pieu, es sieu,

mi lieu, a dieu, une lieue, mieux, les
cieux (1), des yeux bleus, lieute nant,
a ïeul, pré cieux, un mon sieur fort
ca pri cieux, fu rieux, dé li cieux, la-
bo rieux, sé rieux, gra cieux.

ien,

Le mien, le tien, an cien, sou tien,
gar dien, vau rien, co mé dien, chi-
rur gien, A miens, Ju lien, chien dent.
— Ce lien ne tient à rien. — Bas tien
re vien dra bien tôt. — Mon chien est
bien vieux.

io,

Cha riot, i diot, pio che, fio le, ba-
bio le, vio lon, vio let te, vio len ce,
ba ïon net te, ma rion net te, bes tiaux.
— bri o che. — Fai re des ca bri o lets.

ion,

Ques tion, lion, pas sion, com mis-

---

(1) Quelques monosyllabes, comme et, les, des, ces, est, etc.,
se reproduisant fréquemment, on indiquera leur prononciation à
mesure qu'ils se présenteront.

sion, con tor sion, es pion, con vul sion, opi nion, crou pion, as cen sion, mil- lion, pen sion, pro ces sion, u nion, ca mion, a ver sion, con fes sion, con- ta gion, dis cus sion, flu xion, lé gion, per mis sion, ré bel lion, ré fle xion, re- li gion, sou mis sion.

SUITE DE LA DEUXIÈME LEÇON.

---

oa,

Mettez du bois dans le poê le.
— Le mois de mai. — U ne noi*x*
ver te. — Un poid*s* de trois livre*s*. —
Des pois de sen teur. — Joaill ie*r*,
fouaill'e*r*, es coua de , doua ne, roua ge,
oua te , a voua. — Il se coua la tê te.

oan,

Rou en , chou an , louan ge , en
jouant.

oi,

Moel le, couen ne, ouest, a louet te,
gi rouet te , chouet te , pi rouet te ,
joue*t*, (1) roue*t*, foue*t*, voi tu re,
a voi ne, é toi le, boi teu*x*, toi let te,
pois son, poi rie*r*, coif fer, pa rois se,

---

(1) *et* à la fin d'un mot a le son de *è* ouvert.

é loi gné, mois son, moi tié, poil,
poi vre, soif, toi le, voi le, quoi que,
Chi nois, au tre fois, — on doit o bé ir
aux lois, — a droit, un toit étroit, un
en droit froid, oie, vi ve la joie, ver
à soie, un sou hait, tu jou ais, voix,
croix, choix, boî te, — il fait noir ce
soir, — mi roir, é tei gnoir, voir, il
va pleu voir, en cen soir, — pre nez un
mou choir dans le ti roir, ar moi re,
poi re, foi re, bas si noi re, i voi re,
bai gnoi re, his toi re, ba lan çoi re,
gloi re, mâ choi re, é cu moi re, —
Gré goi re a bon ne mé moi re.

oui,

Oui, Louis, foui ne, ré jouis san ce,
— un œill et bien é pa noui.

oin,

La poin té du clo cher, — join dre,
moin dre, — le point du jour, — té moin,
soin, coin, loin, foin, ba bouin,
mar souin, ba ra gouin.

ua ,

Con ti nua, per sua dé, rua de, ha-bi tua, — un nua ge de pous siè re.

uan,

Nuan ce, chat-huan*t*, suan*t*, sa luan*t*, puan*t*, re muan*t*, é ter nuan*t*, di mi-nuan*t*.

ué ,

Tué, — u ne nu*ée* de mou che ron*s*, — re mu*er*, é ter nu*er*, con ti nu*ez*.

Bluet te, ruel le, é cuel le de bois, duel, duè gne.

uè,

Me nue*t*, tu sa lua*is*, il re mua*it*, an nuai re.

ui,

Lui, é tui, en nui, ap pui, au jour-d'hui, la nui*t*, cui*t*, brui*t*, bis cui*t*, il est mi nui*t*, du bui*s*, de pui*s*, un pui*ts*, plu*ie*, su*ie*, tru*ie*, pa ra plu*ie*, juif, suif, tui le, hui le, hui li*er*, frui ti*er*, cuil l*er*,

3

hui tre, huit, hui tiè me, suite, fui te,
con dui te, gra tui te, en sui te, ai guill e,
buis son, cuis se, suis se, sui vre, cui
ras se, rui neux, cuir, fuir, dé trui
re, — du cui vre qui re lui*t*.

uin,

Juin, suin te men*t*.

uon,

Nous sa luons, nous re muons,
con ti nuons no tre le çon.

y (1),

Bru yan*t*, bru yère, tu yau ;

Pay er, ray er, bé gay er, dé lay er,
ba lay er ; Je suis joy eux, — u ne
fray eur ter ri ble, — en nuy eux ;

Un ray on de so leil, — cray on à
des si ne*r* ;

Voy a ge, cro ya ble, pi toy a ble ;

(1) L'*y* entre deux voyelles a le son de deux *i*, dont le premier
s'unit à la voyelle qui précède, et l'autre à la voyelle qui suit ;
ainsi *crayon* se prononce comme *crai ion*, etc.

a boyer, noyé, soyez loyal, net toyer,
tu toyez-moi, moyen;

Royaume, a loyau, boyau, noyau
de pêche;

Essuyez vos larmes, — écuyer,
ennuyer, — un pauvre vieillard appuyé sur un bâton.

———

TROISIÈME LEÇON.

Diverses combinaisons de Lettres.

ph (*comme* f),

Pha re, al pha bet, pro phè te,
é lé phan*t*, té lé gra phe, Al phon se,
phos pho re, phar ma cien, pa ra phe,
or phe lin, Phi lip pe , gé o gra phi*e*,
Daph né, co lo pha ne, as phy xié,
phé nix.

ps (1),

Psau me , psau tie*r*, psy ché.

---

(1) On a déjà fait remarquer que lorsque ces différentes combinaisons de consonnes *ps*, *pt*, *rc*, *ct*, *sp*, etc., ainsi que les consonnes redoublées, *bb*, *cc*, etc., se rencontrent dans le milieu d'un
mot, elles se dédoublent ordinairement, la première consonne
étant attirée par la syllabe qui précède, et l'autre par la syllabe
qui suit : ainsi, on ne syllabera pas *fa ctu re*, mais *fac tu re*, etc.
Au surplus, l'élève familiarisé avec ces combinaisons de lettres
n'éprouvera aucune difficulté.

rc,

Parc, turc, porc, Da ne marck, arc-
en-ciel.

ct,

Tact, exact, sus pect, cor rect.

sp,

Spa cieux, spa tu le, spec tre, spec ta-
cle, spi ri tu el, spas me, splen deur, sphè-
re, sphynx.

st,

Sta tue, Brest, stu dieux, cons trui re,
stè re, sté ri le, sto re, stal le, stuc,
stra ta gê me, struc tu re, a pos tro phe,
ca las tro phe.

sc *dur*, (squ);

Scan da le, scor pion, musc, sque-
let te, scor but, ins cri re, busc, fiè vre
scar la ti ne, scru pu le, Sca ra mou che,
fisc, scru tin, scro fu le.

œ,

OŒil, œill et, œuf, œu vre.

eau (*comme* o),

An neau, beau, ban deau, a gneau,
trou peau, bar reau, ruis seau, ba teau,
rou leau, ber ceau, ri deau, ca deau,
ra meau, car reau, cer ceau, pru neau,
châ teau, ton neau, cha meau, perdreau,
co peau, dra peau.

gu (1),

Fa ti gua, é la gua, in tri gua, pro di
gua, dis tin gua, on guen*t*, guin gans,
san guin, guin guet te, gueu*x*, gueu le,
che val fou gueu*x*.

gea (*comme* ja),

A bré gea, man gea, a lon gea, bou-

---

(1) J'ai déjà dit (1ᵉ partie, leçon 2ᵉ) que le *g* est *dur* devant *u*.
Les exemples que je réunis ici ont pour objet de familiariser l'é-
lève avec les combinaisons *gua*, *guin* etc., qui se représentent
assez souvent.

gea, ar ran gea, cor ri gea, dé lo gea, nei gea, sou la gea, en ra gea, ra va gea;

Chan geant, en ga geant, e xi geant;

Un geai, je man geai, je chan geai, je na geai.

geo (*comme* jo),

Geo lier, rou geo le, fla geo let, pigeon, bour geon, es tur geon, man geons, chan geons, cor ri geons, mé na geons, ven dan geons, voya geons, bour geois, vil la geois, bou geoir, é gru geoir.

QUATRIÈME LEÇON.

Sons accidentels (1) *et autres.*

m *nasal* (2),

Lam pe, cram pe, am ple, am pou le, ram pe, es tam pe, cam phre, lam pion, dé cam per, cham pi gnon, trem pe, e xem ple, sep tem bre, em por ter, com- pas, com pli men*t*;

Im pé rieu*x*, im par fai*t*, im pri me*r*, im per ti nen*t*, im pé tu eu*x*, im po li, im por tun, im pos si ble, im pru den*t*, i m bé cil le;

Jam be, cham bre, nom bre, bam bin, tam bour, mem bre, en sem ble, em- bal lé, em bour bé, em bau mé; — com- bien, com bler, com bat tre;

---

(1) On observera que les *sons accidentels* ne sont en quelque sorte que des exceptions.

(2) *M* a le son de *n* devant *p* et *b*, et quelquefois, mais très rarement, devant *m*;

A la fin des mots, il a tantôt le son de *n*, tantôt celui de *m*.

Em me ner, — la com tes se de Pim be che,
A dam, — nom de fa mil le, — un
doux par fum, — je meurs de faim.

m naturel,

Im men se, im mo bi le, im mor tel,
im mo ler;

Com ment, com mè re, com mo de,
com mis sion, flam me, gam me, ki lo-
gram me;

A bra ham, Am ster dam.

m muet,

Au tom ne, con dam ner.

p muet,

Ba ptê me, Ba ptis te, com pte, prom-
pti tu de, in dom pta ble, exem pter,
scul pteur.

ti comme si,

Af fec tion, na tion, ré vo lu tion,
at ten tion, con di tion, ac tion, con-
ven tion, é du ca tion, i mi ta tion,
in ven tion, pu ni tion, am bi tion, in-

fec tion, cor rec tion, in di ges tion ;
Pa tien ce, in sa tia ble, Vé ni tien,
bal bu tier, im pa tient, es sen tiel, im-
par tial.

th (*comme* t),

Thé, thé â tre, Thé o do re, ath lè te,
ca thé dra le, pan thé on, bi bli o thè que,
oph thal mie, go thi que, Thé o phi le.

rh (*comme* r),

Rhu me, rhu bar be, rhi no cé ros.

ch *dur, comme* k,

Cha os, bac cha na les, ar chan ge,
écho, cho rus, cho lé ra, chœur, or-
ches tre, chlo re, Christ, chré tien,
Chris to phe.

c *comme* g,

Se cond, se con dez-moi.

cq (*comme* q) (1),

Jacques, ac qué rir, ac quit té.

---

(1) Le *c* et le *q* représentant le même son, doivent avoir, lorsqu'ils se suivent, le même effet que toute autre consonne redoublée.

qu *comme* CU,

É ques tre ,   é qui ta tion ,   quin tu ple.

qu *comme* COU,

A qua ti que, é qua teur, qua dru ple, qua dru pè de.

S *comme* Z (1),

Rŏ se, cau se, do se, cho se, mi sè re, oi seau, ro seau, fu seau, mu seau, ci seau, Al sa ce, poi son, mai son, sai son, liai son, cloi son, toi son, pri son, plai sir, dé sir, oc ca sion, pro fu sion, ex plo sion, Jo seph, phra se, va se, ja se, ra se, ha sard, Cé sar, u sé, ru sé, é cra sé, dé gui ser, bri ser, re po ser, fri ser, é pui ser, ri si ble, pai si ble, li si ble, ti sa ne, a mu se, bu se, é clu se, creu se, af freu se, fa meu se, heu reu se, sca bieu se, che mi se, ce ri se, bê ti se, é gli se, sur pri se,

_____

(1) *S* entre deux voyelles se prononce presque toujours comme z.

cui si ne, voi si ne, cou sin, rai sin,
pay san, fai san, cour ti san, chai se,
frai se, brai se, pu nai se, de moi sel le,
noi set te, mu set te, be soin, vi sa ge,
u sa ge, pay sa ge, me su re, o seill e,
gro seill e, plu sieur*s*, fram boi se, ar-
doi se, moi si, choi si, ja lou si*e*,
phthi si*e*, cu rio si té, re po soir, ar ro-
soir.

SC *comme* S (devant *e* et *i*),

Sci*e*, scé lé ra*t*, sceau, scien ce,
scè ne, scion, scep tre, scis sion, con-
scien ce, schis me.

X *comme* S,

Six, dix, soi xan te, Bru xel le*s*.

X *comme* C,

Ex cè*s*, ex ci ter, ex cel len*t*, ex cep té.

X *comme* Z,

Di xai ne, deu xiè me.

eoi (*comme* oi),

As seoir, sur seoir.

CINQUIÈME LEÇON.

—

Finales muettes (1).

e (2),

Pou pé*e*, dra gé*e*, an né*e*, che mi né*e*,
jour né*e*, gi ro flé*e*, ro sé*e*, bou ché*e*,
a rai gné*e*, on glé*e*, — une cuil le ré*e* de
pu ré*e*, sai gné*e*, i dé*e*, chi co ré*e*, —
une bouf fé*e* de fu mé*e*;

Rai*e*, crai*e*, plai*e*, clai*e*, mon nai*e*;
Ma la di*e*, tou pi*e*, — li*e* de vin, —
fo li*e*, bouil li*e*, in cen di*e*, — Ma ri*e*
est jo li*e*.

---

(1) On a déjà vu, dans les leçons précédentes, quelques exemples de lettres finales muettes : mais la connaissance de ces lettres muettes étant essentielle, j'ai cru devoir en faire le sujet d'une leçon particulière.

(2) L'*e* final est généralement muet, *monde*, *frère*; lorsque l'élève commence à syllaber, on lui apprendra à le prononcer sourdement, et ensuite à l'absorber tout à fait. Je ne donne ici que des exemples d'*e* final précédé d'une voyelle : les autres cas, ainsi que ceux des désinences en *s* et *t* étant trop communs, je me suis borné à indiquer quelques-uns des principaux. On fera d'ailleurs l'observation générale que plusieurs des consonnes finales sont muettes en certains cas, et sonores en d'autres : c'est l'usage qui servira de guide à cet égard.

Joie, — bas de soie, — a boi*e*, net toi*e*, tu toi*e* ;

U ne rou*e*, de la bou*e*, — en jou*e*, feu, — la queu*e* du cha*t* ;

Ru*e*, char ru*e*, lai tu*e* pom mé*e*, tor tu*e*, a ve nu*e*.

es,

Les al lé*es* du parc, — des oi*es* sau va g*es*, — qua tre bou gi*es*, — les é cu ri*es* du roi.

ent,

Ils vien n*ent*, ils par l*ent*, — ces da m*es* jou *ent*, ri *ent* et chan t*ent*, — il*s* sou pai *ent* et cau sai *ent*, — les é toi le*s* bril l*ent*.

b, bs,

Un grain de plom*b*, — des plom*bs*.

p, ps, pt,

U ne piè ce de dra*p*, — du si ro*p* de gui mau ve, — un cham*p* de blé, — Louis est vif et prom*pt*, — il y a beau cou*p* de loup*s* dan*s* la fo rê*t*, — au ga lo*p*, — ex em*pt* de blâ me, — il a re çu se*pt* coup*s* de cou teau, — quel tem*ps* fait-il.

f, fs,

Un cer*f* - vo lan*t*, — tour nez la cle*f*, — voi là un ner*f* de bœuf, — le beau che*f* - d'œu vre, — un trou peau de bœu*fs*, un trous seau de cle*fs*.

d, ds,

Bri gan*d*, mar chan*d*, — les co chon*s* ai m*ent* les glan*ds*, — blon*d*, ron*d*, — ré pon*ds* - moi, — ma pou le pon*d* un œuf tou*s* les jours, — des gon*ds*, — le pla fon*d* de la sal le, — un nœu*d* cou lan*t*, — que les cra pau*ds* son*t* lai*ds*, — un ni*d* de pie*s*, — te nez-vous les pie*ds* chau*ds*, — il est tar*d*, — ce chien mor*d*, ca nar*d*, un gran*d* lé zar*d*, — ê tes-vous sour*d*; — du lar*d* et des é pi nar*ds*, bill ar*d*, lé o par*d*, — com me il fai*t* du brouill ar*d*, — au bor*d* de la ri vière, — les re nar*ds* son*t* bien ru sés.

t, ts,

Fo rê*t*, cro che*t*, pa que*t*, tu per me*ts*, sou hai*t*, por trai*t* bien fai*t*, — il fai*t* un gran*d* ven*t*, — é cri*t*, es pri*t*, ap pé ti*t*, — une cor de à pui*ts*, pa vo*t*, a bri co*t*, gre lo*t*, tan tô*t*, co que li co*t*, — un gigo*t* aux ha ri co*ts*, — dé fau*t*, ar ti chau*ts* fri*ts*, — un bou*t* de fil, — sur tou*t*, ra goû*t*, sain*t* Jean, sol da*t*, in gra*t*, il vien*t*, tou*t*-puis san*t*, gan*t*, mou ran*t*, gé an*t*, ce pen dan*t*, — une den*t* de lai*t* — à bon cha*t* bon ra*t*, — fai te*s* trois par*ts*, un effor*t*, il cour*t*.

l, ls, lx,

Fu si*l*, cou ti*l*, che ni*l*, un gri*l*, per si*l*, gen ti*l*, des sour ci*ls*, des ou ti*ls*, des ba ri*ls*, u ne fau*lx*.

r, rs,

Ai me*r*, par le*r*, fu me*r*, se me*r*, fer mie*r*, gre nie*r*, fu mie*r*, — met te*z* vos sou lie*rs*.

g, gs, gt, gts,

É tan*g*, un ran*g*, vin*gt* ha ren*gs*, du

sang, le fau bourg, mon trer les poings, des doigts longs.

c, cs, ct, ch, q,

Du ta bac, des joncs, ins tinct, ac croc, es to mac, un broc de vin, ar se nic, tronc d'ar bre, cinq francs, banc, blanc, flanc, al ma nach.

s, st,

Mes a mis, de puis, sou ris, du ve lours gris, Char les, sors de hors, des en-fans do ci les, bras, gras, — le mar quis de Ca ra bas, — le chat fait le gros dos, — é pais, ja mais, Jé sus - Christ, — mai son sans por tes ni fe nê tres.

z,

Ar rê tez, — je de meu re au rez-de-chaus sée, — en trez chez moi, — en voi là as sez, — quel grand nez, — ai mez - vous le riz, — chas sez le chien qui est cou ché sur le fau teuil.

x,

Eux, joy eux, mous seux, — des

che veu*x* blon*ds*, — un pau vre boi-
teu*x*, — les yeu*x* fer més, — per dri*x*
au*x* chou*x*, — cru ci fi*x*, ci dre dou*x*,
cail lou*x*, ja lou*x*, — u ne pai re de
ci seau*x*, — de la chau*x*, — deux
che vau*x* har gneu*x*, — au*x* bar reau*x*
ver*ts*.

SIXIÈME LEÇON.

*Récapitulation des diverses manières d'écrire
un même son* (1).

a *bref*,

a. — A bri, sac, la pat te, — A le xis
va à Paris.

ha. — Ha bi le, par ha sard, ha lei ne,
ha me çon.

at, ats. — Com bat, plat, cra chat,
deux sol dats, les scé lé rats.

ac, acs, ach. — Du ta bac, — les
es to macs dé li cats, al ma nach.

ap, aps. — Du drap, les draps du
lit.

e. — Fem me, so len nel, ap pa rem-
ment.

---

(1) On pourra faire comprendre à l'élève que s'il y a plusieurs
manières d'écrire certains sons, il ne s'ensuit pas que telle lettre
ou combinaison de lettres ne représente toujours que le même
son. Ainsi *ac* se prononce comme *a* dans *tabac*, et comme *ac* dans
sac, trictrac, etc. C'est à la pratique seule à faire connaître ces dif-
férences, et c'est par cette raison que j'ai multiplié les exemples.

â *long*,

a. — As de pi que, tas se, Jac ques, clas se, é cra sé.

â. — Pâ té, â ne, pâ le, bâ ton.

ât, âts. — Un bât, des mâts, de grands dé gâts.

as. — Tu n'as pas de bas, — re pas, gras, Tho mas, du ver glas, tu vien-dras.

ah, hâ. — Un teint hâ lé, — ah! mon dieu, hâ tez vous.

e *guttural*,

e. — Je te dis que je le veux.

œ, œu. — œill et, œuf, cœur, sœur.

eu, heu. — Gueu le, — elle dé-jeû ne seu le, cou leu vre, li queur, une heu re, fleur, beur re, — pleu re ton mal heur.

é *fermé*,

é, és, hé. — É gli se, é tren nes, — il a été au mar ché, — les prés sont fau chés, — un hé ris son.

ée, ées. — La ro sée, les nu ées.

ez, *et*, *ed*, *eds*. — Les pieds et le nez ge lés.

er, *ers*. — Un dî ner lé ger, — de grands dan gers, — va cher cher le ço cher.

ai, *eai*. — Je chan geai de cô té — je par le rai, je cour rai.

ay, *œ*. — Pays, ayant; Œ di pe, œ so pha ge.

e, *è*. — U ne gref fe, cer vel le, mes se, qu'el le vien ne, a vec res pect, sè che, flè che, trè fle, her be, cier-ge, fer me, lan ter ne.

è ouvert,

ê, *hê*. — Chê ne, tem pê te, hê tre, pê le-mê le.

êt, *êts*. — U ne fo rêt de ge nêts.

è, *ès*. — Nè fle, ex près, — ma mè re est en co lè re.

es, *est*. — Mes a mis, il est tard.

ai, *ais*. — Air frais, — le mois de mai est gai; — Fran çais, chaî ne, ba lai, châ tai gne, ja mais.

aie, aient. — Haie, mon naie, ils li saient.

ait, aits. — Du lait, — il a fait mon por trait.

aid, aids, aix — Un hom me laid, la paix.

eai, eais, eait. — Un geai, dé man geai son, — tu chan geais de cou leur, — il man geait.

ei. — Rei ne, vei ne, ba lei ne, sci gneur.

et, ets, ed. — Sif flet, re grets, — je te pro mets un bou quet, — bro chet, — des pro jets se crets, — com plet, — cet te cou leur vous sied bien.

e. — Du fer, — les vo lets ou verts, le ton ner re, du lier re vert, — j'ai souf fert tout l'hi ver.

i,

i, is. — Ici, fi nis, du fil u ni, dé bris, un jo li ca ni che.

hi, y. — his toi re, hi ver, hi ron del le, ly re, mar tyr.

it, its. — Elle fit le lit, — un ha bit gris, — mes pe tits pro fits.

il, ils. — De grands sour cils noirs, — un fu sil de chas se.

ix. — U ne com pa gnie de per drix.

ie, ies. — Des or ties, u ne bon ne par tie.

ient. — Les uns rient, les au tres crient, mais les en fans sa ges é tu-dient.

î. — Le liè vre cou rut vî te à son gî te.

O,

o. — Les clo ches son nent, — un choc vio lent, — ses pro pres pa ro les.

ho. — Hô pi tal, un hon nê te hom me.

oi, eo. — Oi gnon, — la poi gnée d'un poi gnard, — Geor ges, geo lier.

u, on. — Un gé ra ni um en fleur, — o pium, mon sieur.

ô, hô, aô. — Le bon a pô tre, hô te; al cô ve; la Saô ne.

o, os. — É cho, dos à dos, du re pos, oh! oh! nu mé ro.

ot, ots, op. — Bien tôt, des san glots, du si rop.

au, hau, aux. — Au tel, a ni maux sau va ges, la hau teur.

aud, auds. — Les ré chauds sont chauds, — gros lour daud.

aut, auts. — En trois sauts, un ar ti chaut.

eau, eaux. Tau reau, — le gâ teau est sur le four neau, — un mor ceau de veau, — des oi seaux, des cha peaux.

u,

u, û, hu. — As - tu vu la lune, — u ne hut te hu mi de.

ut, uts. — Il re çut plu sieurs sa luts.

us, ux. — Un re fus, — le flux de la mer.

ue, ues, uent. — U ne sta tue, des lai tues, de la mo rue qui pue, ils re muent.

eu, eus, eut. — Il eut froid, ga geu re, ils eu rent peur.

an,

an, ans. — Bran che, ru ban, dans quatre ans.

ant, ants. — Quel en fant mé chant, ce pen dant, des gants.

and, ands. — Fer di nand est gourmand, — des glands.

ang, angs. — du sang, — deux grands étangs.

anc, ancs. — Un banc de pier re, — des draps blancs.

am. — Cham bre, A dam, — cram pe à la jam be.

amp, amps. — Un camp, cou rir les champs.

en, ens. — En co re, en cens, en nui, Rou en, fa ien ce, jeu nes gens, ac ci dens, pa rens.

ent, ents. — Ar gent, sou vent, pa tient, mal aux dents.

end, ends. — Il fend du bois, — tu com prends, — en tends-tu le vent.

eng, engs. — Un cent de ha rengs.

em. — Em bar ras, en sem ble, em me ner.

4

emps, empt, empts. — Il y a long-
temps, — Ils sont e xempts.

ean, eant. — af fli geant, — Jean
est o bli geant, — ven gean ce.

aen. — La vil le de Caen.

aon, aons. — Un faon, Laon, des
paons.

in,

in, ins, int. — Ma lin com me un
sin ge, — des rai sins, — il vint par
le che min du mou lin.

im, ym. — Im por tun, — du thym
pour les la pins.

inct, ingt. — Ins tinct, vingt.

ain, ains, aint. — Un bain, les
mains, les saints.

aim. — Mort de faim.

en, ens, ent. — E xa men, viens-tu, il
se tient bien.

ein, eins, eint. — En plein vent, —
mal de reins, le feu est é teint.

on,

on, ons, hon. — Allons, à tâ tons,
non, honteux.

ond, onds, ont, onts, onc, oncs, — Le fond du sac — dan sons en rond, — trois che vaux de front, u ne can ne de jonc, des troncs d'ar bres.

om, oms. — La bom be é cla te, — vos noms de bap tê me.

omb, ombs, ompt, ompts. — Des bal les de plomb, — tu m'in ter romps tou jours.

eon, eons, un. — Man geons ce pigeon, — du punch au rhum.

un,

un, uns. — Les uns et les au tres — un drap brun.

unt, unts. — Les en fans du dé funt, — fai re un em prunt.

eun. — Je suis à jeun.

um, ums, hum. — Le par fum des fleurs, — très - hum ble ser vi teur.

TROISIÈME PARTIE.

LIAISON DES MOTS (1).

Exemples de finales liées.	Exemples de finales non liées, ou liées plus faiblement.
p. — Elle aura beaucoup à faire.	Un coup affreux.
	Du drap écarlate.
Il est trop entêté.	
f (comme v). — A neuf heures.	Une clef en or.
t. — Mon petit ami.	Sage et aimable.
Il est sept heures.	Elle part aujourd'hui,

(1) Il n'est pas exact de dire que *tout* mot terminé par une consonne doit être joint au mot suivant, si celui-ci commence par une voyelle ou un *h* muet. En général, deux mots ne se lient que lorsque le sens ne permet pas de faire la moindre pause entr'eux. Je donne ici quelques exemples de liaisons, telles qu'on les pratique dans la conversation et dans la lecture familière. L'usage, et le sens de la phrase indiqueront, mieux que toutes les règles, les modifications dont ces exemples sont susceptibles : la pratique des liaisons ne doit être pour l'élève qu'une affaire d'habitude.

d (*comme* t). — Coud-elle Un froid extrême.

Répond-on ainsi.

Bord escarpé.

n. — Je n'en ai pas.

Allez-vous-en au jardin.

En plein air.

Parlez bien et à propos.

Le vilain homme.

Au pain et à l'eau.

Certain oiseau.

La main aux dames.

Mon bon ami.

C'est bon à manger.

On aime à rire.

Maison à louer.

Un imbécille.

Un et un font deux.

c. — Un porc épic.

Blanc et noir.

A franc étrier.

Franc et loyal.

g (*comme* c). Long hiver.

Étang à pêcher.

Suer sang et eau.

Un poing énorme.

z. — Allez à l'école.

Un nez à faire peur.

Songez-y bien.

Payez et passez.

s (*comme* z). — Je suis Haricots à l'huile.
essoufflé.

Allez pas à pas.

Habits à vendre.

x (*comme* z).—Six oranges. Cet écu est faux ou rogné.

Dans deux ans.

Ciseaux à découper.

DE LA PONCTUATION , ETC.

Il importe pour bien lire de connaître la valeur et l'usage des signes adoptés pour indiquer les pauses qui déterminent le sens du discours ; car des phrases absolument semblables peuvent avoir un sens tout différent, selon la manière dont elles sont ponctuées.

LA VIRGULE (,) indique une pause très-légère, et souvent presque insensible.

LE POINT ET VIRGULE (;) indique une pause plus marquée que la virgule.

LES DEUX POINTS (:) indiquent un repos encore plus considérable que le point et virgule.

LE POINT simple (.) marque le complément du sens de la phrase, et une pause pleine. (A la fin de chaque alinéa on doit faire une pause encore plus longue.)

LE POINT D'INTERROGATION (?) se met à la fin d'une proposition interrogative, et indique principalement l'inflexion que l'on doit donner à la voix.

LE POINT D'EXCLAMATION (!) termine les phrases qui expriment le mouvement de quelque passion, et indique que l'on doit prendre en lisant un ton plus véhément.

LES POINTS SUSPENSIFS (......) indiquent l'interruption du sens de la phrase, et conséquemment une pause assez soutenue.

LES GUILLEMETS («») indiquent un discours cité ou supposé.

LA PARENTHÈSE ( ) servant à clore une note ou ordinairement une courte réflexion intercalée au milieu d'une phrase, doit se faire sentir par un changement de ton.

LE TRAIT DE SÉPARATION (—) indique ordinairement le changement d'interlocuteurs, et supplée quelquefois aux alinéa.

L'ACCENT AIGU (é) ne se place que sur l'*e*, et lui donne le son fermé.

L'ACCENT GRAVE (è) se place sur l'*e* et quelquefois sur l'*a* et sur l'*u*, pour distinguer différens mots qui s'écrivent de même, mais sans changer le son de ces deux dernières lettres. Ex. : La bourse ou la vie. — Où allez-vous ?

L'ACCENT CIRCONFLEXE (ê) se place sur toutes les voyelles, et leur donne un son prolongé et très ouvert.

Ex. ; — âge, fête, gîte, trône, bûche.

L'APOSTROPHE (') indique ordinairement la suppression de la voyelle finale de certains mots devant un autre mot commençant par une voyelle ou un *h* muet. Les deux mots se lisent alors comme s'ils n'en faisaient qu'un. Ex : — J'y cours. — S'il pleut. — Quelqu'un qui n'observe rien.

LE TRAIT D'UNION (-) se met entre deux mots que l'on veut unir. Ex : — Chef-d'œuvre. — Lui-même. — Irai-je ?

LE TRÉMA (ë) indique que la voyelle sur laquelle il est placé doit être prononcée distinctement de la voyelle qui la précède immédiatement. Ex : — Aïeul, haïr, faïence, aiguë (pour qu'on ne prononce pas cette dernière syllabe comme dans *figue*, etc., où l'u est muet, et ne sert qu'à donner au g une articulation dure

ABRÉVIATIONS.

M^r. — Monsieur. — MM. — Messieurs.

Mme. — Madame.

Mlle. — Mademoiselle.

S^t. — Saint.

Et c. — Et cœtera.

EXERCICES DE LECTURE.

C'est le bon Dieu qui a fait le ciel, la terre, et tout ce qui existe : c'est lui qui nous a tous fait naître : il faut le prier soir et matin.

Dieu veut que chacun remplisse ses devoirs. Le premier devoir d'un enfant est d'obéir à ses parens, et de faire tout ce qui peut leur être agréable.

Il faut donc apprendre à bien lire, afin de plaire à son papa, à sa maman, et à tous ses amis. D'ailleurs un enfant qui ne sait pas lire n'est bon à rien.

———

Il y a dans l'année quatre saisons, le Printemps, l'Été, l'Automne, et l'Hiver.

———

Voyez-vous notre bon chien Castor ? c'est lui qui garde la maison. Il aboie, mais il ne mord pas, si on ne lui fait pas de mal.

———

Ne mentez jamais; car on ne croit plus celui qui a menti une fois.

Les hommes marchent, les poissons nagent, les oiseaux volent, les vers rampent.

Jules était un excellent garçon. Quand il était à l'école, il apprenait bien, et il était complaisant pour tous ses camarades; de sorte que son maître et tout le monde l'aimait.

Il ne faut point faire aux autres ce que vous ne voudriez pas qu'on vous fît; et ne jamais dire d'eux en leur absence ce que vous ne pourriez pas leur dire en face.

Voulez-vous me donner une noix? — Je le veux bien. — J'en voudrais dix, s'il vous plaît. — Les voici. Comptez. — Une, deux, trois, quatre, cinq, six, sept, huit, neuf, dix.

Il n'y a qu'un méchant enfant qui puisse s'amuser à tuer des mouches; car tout ce qui a vie souffre comme nous.

La paresse est la mère de tous les vices; mais avec du travail et de la patience on vient à bout de tout.

Si Adèle a le malheur d'apercevoir une souris, elle crie pendant une heure : si une abeille se pose sur ses cheveux ou bourdonne à son oreille, elle appelle au secours, et se croit perdue. Aussi tout le monde se moque d'elle, parce qu'elle est peureuse.

————

Ne remettez point à demain ce que vous pouvez faire aujourd'hui.

————

Pourquoi avons-nous des yeux? pour voir. — Des oreilles? pour entendre. — Une langue? pour parler. — Des bras? pour travailler. — Des livres? pour apprendre.

————

Une bonne action est toujours récompensée.

————

Edouard alla se promener dans la campagne avec son papa. Il aperçut un oiseau, et courut aussitôt pour l'attraper.

Son papa lui dit : Ne prends pas ce pauvre oiseau ; qu'en feras-tu? — Je le mettrai dans une cage, répondit Édouard, et je le garderai. — Mais aimerais-tu qu'on t'enfermât dans une cage, et qu'on t'empêchât de courir dans les champs? Pourquoi donc veux-tu faire à ce pauvre oiseau ce que tu ne voudrais pas qu'on te fît? — Alors Edouard sentit qu'il avait tort, et il laissa envoler l'oiseau.

Rien n'est plus laid que la colère : elle nous fait ressembler aux bêtes sauvages.

———————

L'autre jour, je rencontrai dans une ruelle du village des enfans qui avaient attelé un chien à une petite charrette ; mais ils avaient rempli la charrette de grosses pierres, de sorte que le chien ne pouvait pas la traîner. Le pauvre animal! il l'aurait bien traînée pour leur faire plaisir, s'il avait pu : mais elle était trop lourde. Quand ces petits polissons virent qu'il ne pouvait pas avancer, ils allèrent chercher un bâton, et se mirent à le bat-

tre. Mais j'accourus, je leur arrachai le
bâton, et je les fis sauver ; puis je déta-
chai le chien, et je cachai la petite voiture
derrière une haie, où j'espère qu'ils ne la
trouveront pas. — Il est bien cruel de
maltraiter de pauvres animaux : si le chien
n'avait pas été bon, il les aurait mordus ;
mais il était bon, et c'est pour cela qu'il
ne fallait pas le battre.

———

Nous devons nous rendre service les
uns aux autres. Celui qui ne veut être
utile à personne, n'est pas digne de vivre
avec ses semblables. Aussi il faut toujours
secourir un malheureux, quand on le
peut.

———

Charles était un petit garçon pas plus
haut que cette table, qu'on envoyait tous
les jours à l'école. Mais Charles était un
petit paresseux, et un matin qu'il faisait
un beau soleil, et que les oiseaux
gazouillaient dans le feuillage, il lui prit
fantaisie d'aller jouer au lieu d'aller à
l'école. Il aperçut une abeille qui volti-

geait de fleur en fleur, et il lui dit : Petite abeille, veux-tu venir jouer avec moi? L'abeille répondit : Non je n'ai pas le temps de m'amuser; il faut que j'aille faire du miel.

Alors Charles rencontra un chien. Il lui dit : Veux-tu venir jouer avec moi? Non, répondit le chien, je n'ai pas le temps de m'amuser; il faut que j'aille garder la maison.

Charles s'approcha d'une meule, et vit un oiseau qui en arrachait quelques brins de foin. Il lui dit : Oiseau, veux-tu venir jouer avec moi? l'oiseau répondit : Non, je n'ai pas le temps de m'amuser; il faut que j'emporte du foin pour faire mon nid, avec de la mousse et de la laine, et il s'envola.

Alors Charles vit un cheval, et lui dit : Cheval, veux-tu jouer avec moi? Non, répondit le cheval, je n'ai pas le temps de m'amuser; il faut que j'aille traîner la charrue, sans quoi il n'y aura pas de bled pour faire du pain.

Charles se dit à lui-même : Puisque

chacun est occupé, il faut bien que les petits garçons travaillent aussi, et il se dépêcha d'arriver à l'école, où il apprit bien ses leçons, et son maître lui en fit compliment.

CHIFFRES.

0 zéro.	16 seize.
1 un.	17 dix-sept.
2 deux.	18 dix-huit.
3 trois.	19 dix-neuf.
4 quatre.	20 vingt.
5 cinq.	30 trente.
6 six.	40 quarante.
7 sept.	50 cinquante.
8 huit.	60 soixante.
9 neuf.	70 soixante-dix.
10 dix.	80 quatre-vingts.
11 onze.	90 quatre-vingt-dix.
12 douze.	
13 treize.	100 cent.
14 quatorze.	
15 quinze.	1000 MILLE.

FIN.

eles pe.
il t dé·
ppr'it lien
it compli·

www.ingramcontent.com/pod-product-compliance
Lightning Source LLC
Chambersburg PA
CBHW070900280326
41934CB00008B/1524

9 782019 553050